Los carteros

Laura K. Murray

semillas del saber

CREATIVE EDUCATION • CREATIVE PAPERBACKS

Publicado por Creative Education y Creative Paperbacks
P.O. Box 227, Mankato, Minnesota 56002
Creative Education y Creative Paperbacks son marcas
editoriales de The Creative Company
www.thecreativecompany.us

Diseño de Ellen Huber
Producción de Grant Gould
Dirección de arte de Rita Marshall
Traducción de TRAVOD, www.travod.com

Fotografías de Alamy (ClassicStock, Keith Homan, ZUMA
Press Inc), Getty (Design Pics, Dann Tardif), iStockphoto
(allanswart, Allkindza, Lana2011, LPETTET, solidcolours,
xxmmxx, Drazen Zigic), Shutterstock (eddtoro, Fototocam,
Pixel-Shot, Andrey_Popov, Drazen Zigic)

Library of Congress Cataloging-in-Publication Data. Names:
Murray, Laura K., author. Title: Los carteros / Laura K
Murray. Other titles: Mail carriers. Spanish. Description:
Mankato, Minnesota : Creative Education and Creative
Paperbacks, 2023. | Series: Semillas del saber | Includes
bibliographical references and index. | Audience: Ages 4-7 |
Audience: Grades K-1 | Summary: "Early readers will learn
how mail carriers work for the post office. Full color images
and carefully leveled text highlight what mail carriers do,
where they work, and how they help the community."--
Provided by publisher. Identifiers: LCCN 2022007342
(print) | LCCN 2022007343 (ebook) | ISBN 9781640267077
(library binding) | ISBN 9781682772638 (paperback) | ISBN
9781640008489 (pdf). Subjects: LCSH: Letter carriers--
Juvenile literature. | Community life--Juvenile literature.
Classification: LCC HE6241 .M87718 2023 (print) | LCC
HE6241 (ebook) | DDC 383/.145--dc23/eng/20220215.
LC record available at https://lccn.loc.gov/2022007342.
LC ebook record available at https://lccn.loc.gov/2022007343.

TABLA DE CONTENIDO

¡Hola, carteros!

Los carteros entregan el correo.

Cuidan las cartas y los paquetes.

Los carteros trabajan para la oficina de correos. Trabajan en ciudades. También trabajan en zonas rurales.

Algunos carteros conducen un camión.

Otros caminan. Llevan el correo en una mochila. ¡Puede estar pesada!

Los carteros trabajan en cualquier clima. Trabajan cuando hace calor y cuando hace frío. Trabajan cuando nieva y cuando llueve.

Los carteros
usan buenos
zapatos para
caminar.

Necesitan ropa caliente para el invierno. Una gorra los protege del sol.

Los carteros recogen el correo.

Lo **clasifican**.
Ponen las cartas
en los buzones.

¡Gracias,

carteros!

Visualiza a un cartero

gorra

chaleco

paquete

buzón

carta

mochila de cartero

21

Palabras para saber

clasificar: acomodar por grupos

oficina de correos: el lugar que se encarga del correo

paquetes: cajas o cosas que están envueltas

rural: zonas fuera de los pueblos o ciudades

Índice